Как подготовиться
к крещению

URIM
BOOKS

Как подготовиться к крещению. Автор – д-р Джей Рок Ли
Напечатано в издательстве «Urim Books». (Представитель: Seongnam Vin)
235-3, Guro-dong 3, Guro-gu, Seoul, Korea
www.urimbooks.com

ISBN: 978-89-7557-637-9

Впервые издано 12 марта 1993 года издательством Объединенной церкви святости Иисуса Христа.

Впервые издана в июнь 2012 г.

Редактор: Гам Сан Вин. Образовательный отдел Объединенной церкви святости Иисуса Христа.
Дизайн издательского бюро «Urim Books».
Напечатано в печатной компании «Yewon».
За дополнительной информацией обращайтесь: urimbook@hotmail.com или s8225237@hanmail.net

Пролог

В честь 20-летнего юбилея Объединенной церкви святости Иисуса Христа, а также по просьбе порядка 10.000 филиалов и ассоциативных церквей во всем мире, я с радостью представляю книгу *«Как подготовиться к крещению»*.

В процессе взросления дети многому учатся, получают различные знания и практические навыки, после чего они обретают способность стать здоровыми и полноценными членами общества. Так же обстоит дело и с верой. Новообращенные, недавно принявшие Господа, смогут стать духовными воинами только после того, как овладеют всеми духовными знаниями и рекомендациями, необходимыми для успешной жизни в Господе.

Данная книга представляет собой учебное пособие,

которое необходимо прочитать каждому верующему перед тем, как принять крещение во имя Бога Троицы, чтобы вести достойную христианскую жизнь. Здесь вы найдете не только объяснения по поводу заповедей, которые должен соблюдать верующий человек, но и краткое введение в Ветхий и Новый Заветы, Библейские доктрины и учение церкви.

В этой книге представлены многочисленные примеры по тем вопросам, которые интересуют вновь уверовавших, готовящихся к крещению. Ответы на эти вопросы помогут им обрести уверенность в спасении и создадут фундамент для достойной жизни в церкви, которая есть Тело Христово. Исследуя эти вопросы, мы сможем лучше понять основы христианской жизни, Библию и церковное вероучение.

Этот курс можно использовать в любой церкви в качестве пособия для тех, кто готовится к крещению, и любая церковь сможет выбрать для себя те вопросы из этого руководства, которые для них актуальны. Каждый вновь уверовавший должен изучить эту книгу перед тем, как он примет крещение, чтобы подготовиться к этому важному событию всем сердцем и разумом.

Успешно прошедшие данный курс обучения могут быть допущены к крещению и, после совершения этого обряда, зарегистрированы как крещеные члены церкви. Тогда, имея все права членов церкви, они должны исполнять Богом данные им обязанности, чтобы снискать Божьи благословения.

Я молюсь во имя Иисуса Христа, чтобы каждый верующий, изучающий эту книгу, заложил прочное основание своей веры и способствовал росту церкви.

Пастор д-р Джей Рок Ли,
председатель Объединенной церкви святости Иисуса Христа.

Март 2011 года

Содержание

Пролог

Часть I.

Христианская жизнь

Христианская жизнь

Состав церкви и обязанности членов церкви

Обязательства членов церкви

Чего должны избегать члены церкви

Брак, похороны и поминки

Глава 1

Состав церкви и обязанности членов церкви

1. Группы членов церкви

Прихожане церкви подразделяются на три группы: вновь пришедшие прихожане, новообращенные и крещеные верующие.

1) Зарегистрированные члены церкви.

К категории «вновь пришедших прихожан» относятся те, кто хотят стать истинными христианами и чьи имена внесены в список членов церкви. Чтобы стать истинным христианином, необходимо принять Иисуса Христа, внимать Слову Божьему, регулярно посещая богослужения, и учиться жить настоящей христианской жизнью.

2) Новообращенные.

Категория «новообращенные» включает в себя всех тех, кто учится, как стать христианами. К ним относятся те, кому больше 13-ти лет и кто покаялся в своих грехах, принял Господа Иисуса Христа и старается быть верным в своей христианской жизни. В их жизни проявляются свидетельства веры, и они по своей воле решили готовиться к принятию крещения. Чтобы стать истинным и верным христианином, им необходимо с усердием посещать богослужения, вести добропорядочную христианскую жизнь и повиноваться Слову Божьему.

3) Крещеные верующие.

После 4-х – 5-ти месяцев подготовки к крещению, те, кто успешно освоили материалы по подготовке к крещению, принимают водное крещение. Если в их жизни проявляются свидетельства рождения Свыше, то они могут быть зарегистрированы как «крещеные верующие».

Крещеные верующие, как члены Тела Христова, имеют право участвовать в процессе принятия решений в церкви. Они берут на себя обязательство посвятить себя служению Царству Божьему и церкви.

2. Обязанности членов церкви

Все, занесенные в список официальных членов церкви, должны, как об этом сказано в Библии, исполнять свой долг и свои обязанности во имя Царства Божьего и правды Его и обладать качествами святых детей Божьих.

1) Члены церкви должны с усердием посещать все основные богослужения и поклоняться Богу в духе и истине.

Основные богослужения включают в себя воскресное утреннее служение, воскресное вечернее служение, служения вечером в среду и всенощное – в пятницу. Богослужение – это церемония выражения признательности Живому Богу, поклонение Ему и благодарность за Его любовь и благодать. Бог ищет для Себя истинных поклонников, которые будут славить Его в духе и истине, от всего сердца, всей крепостью и разумением своим. И такие люди обретут особые благословения от Бога.

2) Члены церкви должны стараться читать и изучать Библию.

Когда мы понимаем и осознаем волю Божью, мы

утверждаемся в вере и учимся жить достойной христианской жизнью. Но познать волю Божью можно, только читая или слушая Слово Божье, записанное в Библии.

3) Члены церкви должны прилагать все свои усилия, чтобы жить по Слову Божьему и молиться Богу.

Молитва – это дыхание нашего духа. Через молитву мы общаемся с Богом, Который есть Дух, и через молитву мы получаем силу Божью. Каждый верующий, желающий жить по воле Божьей, должен молиться Богу.

4) Члены церкви должны всегда радоваться, непрестанно молиться и за все благодарить.

У нас есть повод для постоянной радости, так как через веру в Иисуса Христа мы обрели Царство Божье. Мы должны непрестанно молиться, чтобы получить помощь Всемогущего Бога, и мы также должны за все благодарить, потому что верим, что Бог обернет все, что происходит в нашей жизни, во благо нам.

5) Члены церкви должны проявлять свою преданность служению в церкви и в своей миссии, щедро жертвуя для Бога.

Мы должны верить, что все, что мы имеем, принадлежит Богу, и Бог доверил нам распоряжаться Его имуществом. Мы должны со всем усердием служить Богу, отдавая и самих себя, и все, чем мы обладаем. Верующие должны искренне жертвовать Богу десятую часть от всего своего дохода. И жертва наша должна быть добровольной, щедрой и доброхотной.

6) Члены церкви должны ревностно проповедовать Евангелие и приводить людей к Христу, используя дары, полученные Свыше.

В очах Божьих одна душа драгоценнее всей Вселенной. И Бог желает, чтобы мы, неустанно проповедуя Евангелие, стали Его свидетелями.

Глава 2

Обязательства членов церкви

1. Соблюдать Десять Заповедей

У каждого народа есть свои законы, и у каждой организации – свои уставы. Таким же образом верующие в Бога живут по законам Царства Божьего, которые называются заповедями. В 1-м послании Иоанна, 5:3, сказано: *«Ибо это есть любовь к Богу, чтобы мы соблюдали заповеди Его; и заповеди Его не тяжки»*. Исполнение Божьих заповедей является доказательством нашей любви к Богу и кратчайшим путем для получения благословений.

Десять Заповедей (Исход, 20:3-17) представляют собой суммарное изложение всех Библейских заповедей. Десять Заповедей можно разделить на две группы: первая группа заповедей говорит о любви к Богу, а вторая группа – о любви к нашим ближним.

1) «Да не будет у тебя других богов пред лицом Моим».
2) «Не делай себе кумира и никакого изображения того, что на небе вверху, и что на земле внизу, и что в воде ниже земли; не поклоняйся им и не служи им».
3) «Не произноси имени Господа, Бога твоего, напрасно».
4) «Помни день субботний, чтобы святить его».
5) «Почитай отца твоего и мать твою».
6) «Не убивай».
7) «Не прелюбодействуй».
8) «Не кради».
9) «Не произноси ложного свидетельства на ближнего твоего».
10) «Не желай дома ближнего твоего».

2. Соблюдать святость Дня Господнего

День Господень приходится на воскресенье – день, когда Иисус разорвал оковы смерти и воскрес. Этот день также соотносится и с Днем субботним, который благословил и освятил Бог, чтобы мы могли обрести истинный покой в

Господе. Соблюдая святость Дня Господнего и наслаждаясь истинным покоем в Господе, мы получим благословения для процветания нашей души.

1) Соблюдать День Господень – воля Божья. И это доказательство того, что мы признаем духовную власть Бога.

В Книге Бытия, 2:1-3, мы читаем, что, после того как Бог за шесть дней сотворил небо и землю и все, что наполняет ее, Он почил в день седьмой. И потому Бог благословил и освятил седьмой день. В Книге Исхода, 20:8, Бог повелел Своему народу помнить День субботний и святить его. Так, соблюдая День Господень согласно заповеди Его, мы признаем Божью власть над нами, и Бог, видя это, радуется и благословляет нас.

2) Суббота – в Ветхом Завете, и День Господень – в Новом Завете.

Во времена Ветхого Завета День Господень приходился на субботу, седьмой день недели. В этот день Бог завершил творение мира. Но во времена Нового Завета мы празднуем День Господень в воскресенье, потому что Иисус воскрес из мертвых в первый день недели.

Люди не могли наслаждаться истинным покоем, потому что они были грешны и обречены на смерть (Бытие, 3). Но Бог, по изначальному изволению Своему, послал Своего единородного Сына Иисуса на землю, позволив Ему искупить Своей Кровью грехи всех людей и открыть двери спасения для каждого (Посл. к Галатам, 3:13).

Иисус был распят и умер на кресте перед днем субботним и воскрес на третий день после погребения – в первый день недели (От Матфея, 28:1). Христос, таким образом, стал первенцем из воскресших (1-е посл. к Коринфянам, 15:20) и Господином Субботы (От Матфея, 12:8), так что все верующие могут наслаждаться истинным покоем, веря и надеясь на свое воскресение. С тех пор верующие отмечают первый день недели, день Воскресения нашего Господа, как день покоя в Господе, называя его Днем Господним (1-е посл. к Коринфянам, 16:2).

3) О соблюдении Дня Господнего и о последующих благословениях.

В Книге Исхода, 20:8-10, сказано, чтобы мы трудились в течение 6-ти дней, но воздерживались от любой работы в День субботний. Истинный отдых заключается не только в отдыхе телесном, но и в духовном.

Поэтому в День Господень не следует заниматься никакими мирскими делами, а прежде всего нужно прийти в церковь и поклоняться Богу в духе и в истине. Кроме того, мы должны удаляться от мирских развлечений и удовольствий и проводить весь день в святости. Мысли наши должны быть непорочны, а тела, одежда и жилище наше – заранее очищены от всякой грязи. Мы должны посвятить День Господень Богу с радостью и благодарностью, избегая всякого зла.

Также, если мы хотим святить День Господень, мы должны посещать не только утреннее воскресное служение, но и вечернее служение, и поклоняться Богу в духе и истине. Мы должны любить храм Господень и держать его в святости – и в духовном плане, и в плотском. Кроме того, в этот день не следует ничего продавать или покупать и избегать любых мирских разговоров в святилище (Кн. Неемии, 13:15-22).

Когда мы прославляем Бога и святим День Господень согласно Его воле, Бог радуется и дарует нам обильные благословения. Он позаботится о процветании наших душ и усмотрит, чтобы все происходящее в течение недели было нам во благо.

Бог повелевает нам отдавать Ему десятую часть нашего дохода сполна, как свидетельство того, что мы признаем Его власть над материальным миром, как Творца неба и земли. Бог хочет, чтобы мы отдавали ему наши полные десятины и пожертвования.

1) Полная десятина – это воля Божья и признание Божьей власти над всем материальным миром.

В Книге пророка Малахии, 3:8-9, сказано, что Израильтяне были прокляты, так как отвратились от заповедей Господних и перестали отдавать полные десятины и пожертвования. Полная десятина – это десятая часть всего нашего дохода, включая доходы, которые нам приносят бизнес, работа, и любые другие поступления.

Хотя мы зарабатывали деньги своим трудом в поте лица своего, прилагая к этому много усилий, мы должны осознать, что весь доход принадлежит Богу, Властелину неба и земли, Который просто доверил нам эти деньги. Таким образом мы признаем, что мы – Его слуги, и Бог просит нас вернуть Ему всего лишь десятую часть.

2) Что значит отдавать Богу полную десятину.

Во-первых, мы должны отделить десятую часть от всего нашего дохода.

Во-вторых, мы должны отделить десятину от прочих даров.

В-третьих, мы должны приносить десятины в ту церковь, где мы получаем духовную пищу.

В-четвертых, каждый из нас должен подписывать своим именем конверт с десятиной.

В-пятых, если мы получаем плату за труд ежемесячно, то и десятину мы должны приносить раз в месяц (и раз в неделю, если мы получаем плату еженедельно).

В-шестых, даже неработающие люди, не имеющие постоянного дохода, должны отделять десятины от денег, взятых в долг, от подаренных им денег, бесплатных обедов или иных доходов.

В-седьмых, прежде чем тратить деньги, мы должны сначала отделить нашу десятину от полученных доходов.

3) Пожертвования – это общий термин для всех наших приношений Богу.

Принося Богу наши пожертвования, мы должны следовать следующим правилам: во-первых, наша жертва должна быть без всякого порока; во-вторых, от своего дохода мы должны в первую очередь отдавать Богу; в-третьих, мы должны жертвовать Богу доброхотно и с благодарностью, а не через силу, с недовольством; и, в-четвертых, если мы дали обет Господу, мы не должны отменять принятого решения. Даже если мы задумали сделать Богу другое, более лучшее пожертвование, мы должны отдать также и то, что обещали ранее. Все пожертвования приносятся на кафедру проповедника, который молится, возложив на них руки. Пожертвования можно разделить на несколько категорий: пожертвование в знак благодарности, пожертвование за рукоположение или данные Богом обязанности и титулы, за совершенный грех, пожертвование для примирения с Богом и т.д. Недостаточно благодарить Бога только на словах; мы также должны приносить пожертвования согласно нашей вере, и тогда Бог с радостью принимает наши жертвы и вознаграждает нас обильными благословениями.

Десятины и прочие пожертвования принадлежат только Богу, и никто не может использовать их по своему усмотрению. Они могут быть использованы только через финансовый отдел церкви, в соответствии с Божьей волей.

4) Бог благословляет тех, кто приносит полную десятину и пожертвования.

В Книге пророка Малахии, 3:10, Бог дает такое обетование: «Принесите все десятины в дом хранилища, чтобы в доме Моем была пища, и хотя в этом испытайте Меня, говорит Господь Саваоф: не открою ли Я для вас отверстий небесных и не изолью ли на вас благословения до избытка?». Бог дозволяет нам испытать Его, чтобы увидеть, как Он с избытком благословит нас. Испытав Бога через десятины, даже те, кто сомневаются, кто дают Богу скупо и неохотно, увидят Божью верность, покаются, с верой покорятся воле Божьей и, достигнув пределов спасения, обретут многие благословения. Нам всегда нужно помнить о законе сеяния и жатвы, записанном во 2-м послании к Коринфянам (9:6-7): сеющий скупо скупо и пожнет, а сеющий щедро пожнет богатый урожай, чтобы из него уделить Богу полную десятину и иные пожертвования.

Когда мы понимаем, в чем состоит воля Божья, и живем правильной христианской жизнью по воле Его, Бог ниспосылает на нас все обещанные благословения. Верующие в Бога, Который всегда верен Своему слову, должны приносить Ему полные десятины и пожертвования.

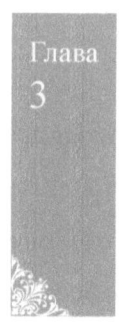

Глава 3

Чего должны избегать члены церкви

Верующие, как дети Божьи, имеют обязанности, которые они должны исполнять. Но есть также вещи, которые дети Божьи должны избегать.

1) Мы не должны употреблять имя Божье всуе перед людьми и не должны отрекаться от Бога или предавать Его на словах и на деле.

2) Наша вера в то, что написано в Библии, не должна быть частичной; истолковывая Библию, мы не должны удалять, исключать или критиковать откровения Божьи.

3) Мы должны воздерживаться от любой работы и

от купли-продажи в День Господень.

4) Нам не следует петь вульгарные мирские песни дурного вкуса, и мы не должны танцевать так, как принято в этом мире, — нескромно или безнравственно. Мы должны избегать тех мест, где поощряются развлечения, которые могут довести до греха.

5) Мы должны воздерживаться от неосторожных заключений, ругани, сплетен, оскорблений, поспешных суждений, бессмысленных и безнравственных слов, лжи и всяких праздных высказываний.

6) Мы не должны отвечать злом на зло, но оставаться доброжелательными ко всем людям во всякое время. Мы не должны судиться друг с другом. Мы не должны заставлять других делать то, что мы сами не хотели бы делать.

7) Верующие не должны давать друг другу деньги в долг или ручаться друг за друга перед кредиторами: «Не будь из тех, которые дают руки и поручаются за долги» (Притчи, 22:26).

8) Мы не должны совершать дела плоти.

«Дела плоти известны; они суть: прелюбодеяние, блуд, нечистота, непотребство, идолослужение, волшебство, вражда, ссоры, зависть, гнев, распри, разногласия, [соблазны,] ереси, ненависть, убийства, пьянство, бесчинство и тому подобное. Предваряю вас, как и прежде предварял, что поступающие так Царствия Божия не наследуют» (Посл. к Галатам, 5:19-21).

9) Мы не должны совершать никаких грехов, ведущих к смерти.

«Если кто видит брата своего согрешающего грехом не к смерти, то пусть молится, и [Бог] даст ему жизнь, [то есть] согрешающему [грехом] не к смерти. Есть грех к смерти: не о том говорю, чтобы он молился» (1-е посл. Иоанна, 5:16).

1. Противление, ропот и хула на Духа Святого
   (От Матфея, 12:31-32; От Марка, 3:29; От Луки, 12:10).

2. Повторное распятие и поругание Господа Иисуса Христа
   (Посл. к Евреям, 6:4-6).

3. Сознательное грехопадение после того,
   как мы были просвещены познанием истины
   (Посл. к Евреям, 10:26-27).

Евангелие от Матфея (12:31-32):

«Посему говорю вам: всякий грех и хула простятся человекам, а хула на Духа не простится человекам; если кто скажет слово на Сына Человеческого, простится ему; если же кто скажет на Духа Святого, не простится ему ни в сем веке, ни в будущем».

Евангелие от Марка (3:29):

«Но кто будет хулить Духа Святого, тому не будет прощения вовек, но подлежит он вечному осуждению».

Евангелие от Луки (12:10):

«И всякому, кто скажет слово на Сына Человеческого, прощено будет; а кто скажет хулу на Святого Духа, тому не простится».

Послание к Евреям (6:4-6):

«Ибо невозможно – однажды просвещенных, и вкусивших дара небесного, и соделавшихся причастниками Духа Святого, и вкусивших благого глагола Божия и сил будущего века, и отпадших опять обновлять покаянием, когда они снова распинают в себе Сына Божия и ругаются Ему».

Послание к Евреям (10:26-27):

«Ибо если мы, получив познание истины, произвольно грешим, то не остается более жертвы за грехи, но некое страшное ожидание суда и ярость огня, готового пожрать противников».

Глава 4

Брак, похороны и поминки

1. Супружеская жизнь

Так как Сам Бог установил священный брачный союз между мужчиной и женщиной, то нам следует со всей серьезностью подойти к вопросу о вступлении в брак и не принимать опрометчивых решений. Те, кто размышляют о браке, должны иметь в виду следующие установления.

1) Верующий человек не должен соединяться в браке с неверующим.

2) Когда член церкви решает вступить в брак, он или она должны попросить совета у своего пастора; недопустимо вступать в интимные отношения до брака.

3) Родители не должны заставлять своих детей вступать в брак или противиться их выбору, если их выбор не нарушает библейских принципов. Дети же должны попросить благословения у своих родителей или опекунов.

4) Брак верующих людей совершается пастором церкви. Пастор, приглашенный для совершения обряда бракосочетания, удостоверившись, что все условия для брака соблюдены, разрешает венчание.

5) Замужняя пара не имеет права разводиться, кроме тех случаев, когда действия одного из супругов могут привести другого к потере спасения.

Бог желает, чтобы люди, по возможности, не разводились и имели счастливую семью.

Но если ситуация такова, что развод кажется неотвратимым, они должны пожить отдельно друг от друга какое-то время и молиться о сохранении брака. Нет ничего важнее для человека, состоящего в браке, чем прилагать все усилия для спасения супруга и своих детей.

«Прочим же я говорю, а не Господь: если какой брат имеет жену неверующую, и она согласна жить с ним,

то он не должен оставлять ее; и жена, которая имеет мужа неверующего, и он согласен жить с нею, не должна оставлять его. Ибо неверующий муж освящается женою верующею, и жена неверующая освящается мужем верующим. Иначе дети ваши были бы нечисты, а теперь – святы» (1-е посл. к Коринфянам, 7:12-14).

Библия говорит нам, что неверность жены может служить причиной для развода (От Матфея, 19:9).

6) Также нельзя иметь любовниц; заниматься полигамией; недопустимо мужчине вступать в брак с разведенной женщиной, а женщине – с разведенным мужчиной.

2. Похороны

1) Служение у смертного одра.

Когда верующий человек, принявший Господа, умирает, то надлежит приготовить его тело и совершить пред Богом служение у смертного одра.

2) Служение у гроба.

Тело умершего надлежит одеть и поместить в гроб. После этого совершается служение у гроба умершего.

3) Траур.

Верующие люди не должны кланяться телу или воскурять благовония перед телом умершего во время траурной церемонии. Следует поприветствовать семью покойного и в тишине помолиться.

4) Похоронная процессия.

Длительность и порядок похорон зависят от решения семьи покойного. Похоронное служение совершается перед гробом с телом покойного во время траурной церемонии, а также на кладбище перед погребением. Церемония может происходить в любой день недели, кроме воскресенья.

3. Поминальное служение

В память об умершем, в день смерти человека, может быть проведено поминальное богослужение.

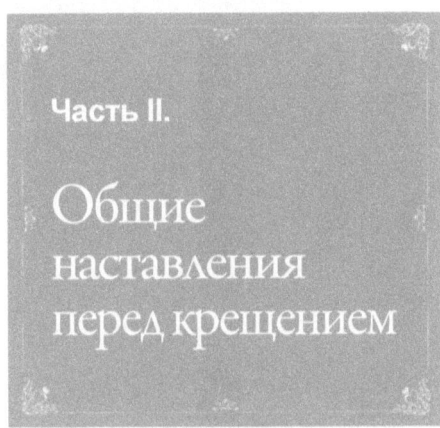

Часть II.

Общие наставления перед крещением

О вашей христианской жизни

О Библии

О доктринах и учении церкви

Глава 1 О вашей христианской жизни

1. Как давно вы посещаете эту церковь?

   месяцев (количество месяцев).

2. Соблюдаете ли вы День Господень с тех пор,
   как стали посещать церковь?

   (Следует просто ответить: «Да. Аминь»).

   (Да).

3. Готовы ли вы ревностно посещать все богослужения и
   иные мероприятия, проходящие в стенах церкви?

   (Да).

4. Готовы ли вы всегда признавать церковь святым местом, вести себя в церкви богобоязненно и с заботой относиться ко всему церковному имуществу?
(Да).

5. Кого мы прославляем во время богослужения?
(Бога).

6. Что такое молитва?
(Молитва – это дыхание нашего духа, разговор между Богом и Его детьми, способ получения Божьей силы и ответов от Бога).

7. К кому мы должны обращаться в молитве?
(К Богу).

8. Во имя Кого мы совершаем молитву?
(Во имя Иисуса Христа).

9. Как нам следует молиться?
а) постоянно и регулярно;
б) коленопреклоненно;
в) громко взывая к Богу;

г) от всего сердца;

д) с верой и любовью;

е) согласно воле Божьей;

ж) искренне и ревностно.

10. Что такое гимны и как мы должны их петь?

(В Сборнике гимнов есть различные песни прославления Бога, и нам следует исполнять их искренне и с благоговением перед Богом).

11. Читаете ли вы и исследуете ли вы Писание?

(Да).

12. Готовы ли вы следовать учению и наставлениям этой церкви?

(Да).

13. Понимаете ли вы, что курение и распитие алкогольных напитков противоречат воле Божьей, и готовы ли вы отказаться от этого?

(Да).

14. Избегаете ли вы идолопоклонства, посещений предсказательниц и колдунов?

(Да).

15. Воздерживаетесь ли вы от азартных игр и иных мирских развлечений?

(Да).

16. Готовы ли вы отказаться от ростовщичества и предоставления кредита с процентами?

(Да).

17. Почитаете ли вы своих родителей в Господе?

(Да).

18. Планируете ли вы пригласить в церковь остальных членов вашей семьи?

(Да).

19. Как называется ваша церковь?

(Церковь _____).

20. К какой группе (миссии) в церковной общине вы принадлежите?

(_____ _____).

21. Веруете ли вы, что церковь – это собрание призванных Богом людей?

(Да).

22. Тверды ли вы в своем решении сохранять верность Богу до последней минуты жизни?

(Да).

О Библии

1. Как называется Священная книга христианства?

(Библия).

2. На какие две основные части делится Библия?

(Ветхий Завет и Новый Завет).

3. Сколько книг содержит Библия?

(66 книг – 39 книг Ветхого Завета и 27 книг Нового Завета).

4. Что есть Библия?

(Библия – запись живого Слова Божьего).

5. Кто записал Библию и как это происходило?

(Богом избранные люди, вдохновленные Духом Святым, записали все книги Библии; 2-е посл. к Тимофею, 3:16).

6. В какой из книг Библии описывается создание неба и земли, а также людей?

(В Книге Бытия).

7. В какой из книг Библии записаны Десять Заповедей, полученных Моисеем от Бога?

(В Книге Исхода).

8. На какой день сотворения земли и всего, что наполняет ее, создал Бог мужчину и женщину?

(На шестой день; Бытие, 1:27).

9. Кто, согласно Библии, являются прародителями человечества?

(Адам и Ева).

10. Как Бог сотворил первого человека Адама?

(Бог сотворил первого человека из праха земного и вдохнул жизнь в ноздри его, и стал человек душою живою).

11. Какой плод вкусили Адам и Ева в нарушение заповеди Божьей?

(Плод с дерева познания добра и зла).

12. Кто дал имена всем животным на земле и всем птицам небесным, после того как Бог сотворил их?

(Адам).

13. Как звали, согласно Библии, сыновей, которые родились у Адама и Евы на земле?

(Каин, Авель, Сиф).

14. Кто ходил с Богом в течение 300 лет, после чего был взят на небо живым?

(Енох).

15. Кто был назван человеком праведным и непорочным и кто построил ковчег перед всемирным потопом?

(Ной).

16. Кто был назван «прародителем веры»?

(Авраам).

17. Кого родил Авраам, когда ему было 100 лет?

(Исаака).

18. Как звали двух сыновей Исаака?

(Исав и Иаков).

19. Кто продал свое первородство младшему брату за миску чечевичной похлебки?

(Исав).

20. Сколько сыновей было у Иакова, «отца Израиля»?

(Двенадцать сыновей).

21. Кто из сыновей Иакова был продан в рабство в Египет, но, по благословению Божьему, стал вторым человеком после фараона в Египте?

(Иосиф).

22. Кого Господь призвал, чтобы вывести народ Израильский из египетского рабства?

(Моисея).

23. Какие книги Библии входят в «Пятикнижие Моисея»?
(Бытие, Исход, Левит, Числа, Второзаконие).

24. Где Моисей получил Десять Заповедей от Бога?
(На горе Синай).

25. Какую землю обещал Бог отдать Израильтянам во владение?
(Землю Ханаанскую).

26. Кто ввел народ Израильский в Землю обетованную как преемник Моисея?
(Иисус Навин).

27. Как звали последнего Израильского судью, помазавшего Саула на царство?
(Самуил).

28. Какой царь Израильский снискал особую благосклонность Господа во времена Ветхого Завета?
(Давид).

29. Что означает имя «Иисус»?

(«Тот, кто спасет людей от грехов их»).

30. Где был рожден Иисус?

(В Вифлееме Иудейском).

31. Где Иисус провел свое детство?

(В Назарете Галилейском).

32. Какие книги Библии свидетельствуют о земной жизни и служении Иисуса?

(Четыре Евангелия: от Матфея, от Марка, от Луки, от Иоанна).

33. В каком году Иисус пришел в этот мир?

(Наш календарь отсчитывается от года Рождества Христова. Значит, Иисус пришел в этот мир _____ лет назад).

34. Каким образом Дева Мария зачала Иисуса?

(Она зачала Иисуса от силы Духа Святого).

35. Какое первое чудо совершил Иисус в Кане Галилейской?

(Чудо превращения воды в вино).

36. Сколько учеников было у Иисуса?

(Двенадцать).

37. Как умер Иисус?

(Он был распят на кресте и умер, чтобы искупить людей от грехов).

38. Кто из учеников Христа предал Его за 30 серебряников?

(Иуда Искариот).

39. Как долго Иисус был распят на кресте?

(6 часов).

40. Почему Иисусу пронзили руки и ноги гвоздями?

(Дабы искупить нас от тех грехов, которые мы совершаем своими ногами и руками).

41. Почему на Иисуса возложили терновый венец?

(Дабы искупить нас от грехов, которые мы совершаем в мыслях своих).

42. Иисус умер и был погребен. На какой день после похорон Иисус воскрес из мертвых?

(Он воскрес на третий день).

43. Что сделал Иисус после Своего Воскресения?

(Он провел с апостолами 40 дней, после чего вознесся на Небо).

44. Кому известен день и час Второго пришествия?

(Только Богу Отцу; От Матфея, 24:36; От Марка, 13:32).

45. Какая из книг Нового Завета повествует о деяниях апостолов?

(Деяния Апостолов).

46. Кто из апостолов, не будучи одним из 12-ти, проповедовал Евангелие Иисуса Христа язычникам, сопровождая это явлением могущественных чудес Божьих?

(Апостол Павел).

47. Какая из книг Библии, записанная апостолом Иоанном, регистрирует откровения и пророчества о будущем?

(Книга Откровения Иоанна).

48. Какова плата за грех, согласно Библии?

(Смерть; Посл. к Римлянам, 6:23).

49. Какое право мы получаем от Бога, когда принимаем Иисуса Христа своим Спасителем?

(Право быть детьми Божьими; От Иоанна, 1:12).

Глава 3 О доктринах и учении церкви

1. Как долго существует Бог?

   (От века и до века; вечно; Псалом, 89:3).

2. Сколько существует в мире богов, которым мы должны поклоняться?

   (Только один Бог).

3. Верите ли вы, что Бог сотворил небо и землю Своим словом?

   (Да).

4. Веруете ли вы, что ад и Рай реальны?

   (Да).

5. Чьим именем мы можем быть спасены?

(Именем Иисуса Христа).

6. Что такое «спасение»?

(«Спасение» означает избавление от смерти за грехи наши через веру в Иисуса Христа и получение жизни вечной).

7. Что означает имя «Христос»?

(«Христос» означает «Божий помазанник», то есть «Мессия»).

8. Веруете ли вы, что нет другого имени под небом, но только Иисус Христос, Которым надлежало бы нам спастись?

(Да).

9. Какой дар дает Бог тем, кто принимает Иисуса Христа как Спасителя?

(Дар Святого Духа).

10. Признаете ли вы Апостольский символ веры как исповедание своей веры?

(Да).

11. Приведите примеры основных богослужений в церкви?

(Утреннее воскресное служение, воскресное вечернее служение, вечернее служение в среду, всенощное служение в пятницу).

12. Как быть целиком посвященным богослужению?

(Мы должны внимательно следить за ходом всего служения – от первой молитвы про себя до последней молитвы «Отче наш», или до напутственного благословения пастора).

13. Что означает День Господень?

(День Господень празднуется в воскресенье как символ того, что в этот день Господь Иисус разорвал оковы смерти и воскрес. Это день истинного покоя в Господе, который Бог благословил и освятил).

14. К какой деноминации относится наша церковь?

(К Объединенной церкви святости Иисуса Христа).

15. Каковы пять основных доктрин нашей церкви, или в чем заключается пятигранное Евангелие святости?

(Возрождение, Освящение, Божественное исцеление, Воскресение и Второе пришествие Господа).

16. Какие праздники мы празднуем в церкви?

(Пасху, Праздник Жатвы, День Благодарения, Рождество).

17. Верите ли вы, что Библия есть совершенное, неизменное и вечное Слово Божье?

(Да).

18. Чем люди отличаются от животных?

(В отличие от животных, которые лишены духа, люди созданы по образу и подобию Божьему и обладают духом, душой и телом, и поэтому они могут иметь страх Божий).

19. Верите ли вы, что изначально Иисус, являясь Богом, сошел на землю в образе человека, чтобы искупить нас от грехов?

(Да).

20. Отречетесь ли вы от ереси, отвергающей триединую сущность Бога или пришествие Иисуса на землю во плоти, Его распятие и воскресение? Готовы ли вы отказаться от бесплодных религиозных споров с подобными людьми?

(Да).

21. Веруете ли вы во Второе пришествие Господа?

(Да).

22. Когда произойдет Суд Великого Белого Престола ?

(По окончании Тысячелетнего Царства).

23. Как долго мы будем пребывать на Небесах?

(Царство Божье вечно, и наша жизнь на Небесах будет вечной).

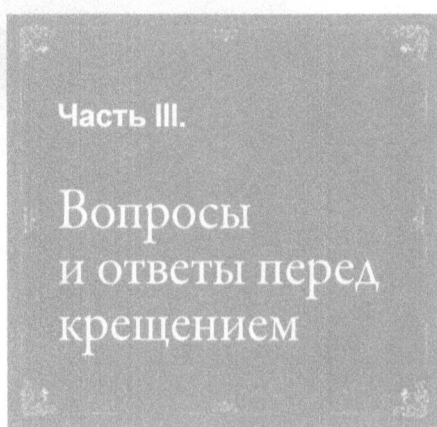

Часть III

Вопросы и ответы перед крещением

Вопросы и ответы перед крещением

О вашей христианской жизни

О Библии

Об учении и доктринах церкви

Глава 1

О вашей христианской жизни

1. Каковы условия принятия крещения?

   (Крещение принимают люди, регулярно посещающие церковь, имеющие уверенность в спасении и окончившие 4-х – 5-месячный курс подготовки к крещению).

2. Соблюдаете ли вы День Господень после завершения курса подготовки к крещению?

   (Да).

3. Читаете ли вы Библию регулярно, каждый день?

   (Да).

4. Молитесь ли вы ежедневно?

   (Да).

46

5. Отдаете ли вы Богу свои десятины, а также пожертвования благодарения и праздничные?

(Да).

6. Свидетельствуете ли вы людям о Христе?

(Да).

7. Готовы ли вы после принятия крещения посвятить себя служению в церкви, поддерживать свою миссию (группу) и другие служения?

(Да).

8. Посещаете ли вы свою церковную ячейку?

(Да).

9. Участвуете ли вы в воскресных собраниях своей миссии (группы)?

(Да).

10. Готовы ли вы бескомпромиссно отказаться от всякого мирского зла и достичь безусловно й святости сердца Господа?

(Да).

11. В чем смысл посещения богослужения?

(Мы должны поклоняться Богу в духе и в истине).

12. В чем состоит истинное покаяние?

(В осознании и признании того, что мы грешники; в покаянии во всех грехах со слезами, до самой глубины сердца; в действительном удалении от грехов).

13. Что есть церковь?

(Церковь – это собрание тех, кто слушает истину и обретает вечную жизнь; кто повинуется Иисусу Христу, как Главе церкви; тех, кого пастор обучает жить праведной жизнью).

14. Как мы должны относиться к вопросу об истолковании Библии?

(Мы должны получать истолкование Библии, по вдохновению Святого Духа, во время горячей молитвы, так как все Писание богодухновенно. Мы не должны критиковать вдохновленные Богом откровения и пророчества).

Глава 2 О Библии

1. Как мы можем узнать о существовании Бога?

   (Наблюдая за природой, творением Божьим [Посл. к
   Римлянам, 1:20], и изучая Библию, в которой записано
   Слово Божье [2-е посл. к Тимофею, 3:15-17]).

2. Для чего Бог создал человечество?

   (Дабы обрести истинных детей, которые будут прославлять
   Его и которые будут достойны разделить Его любовь).

3. В каком порядке происходило творение мира?

   (Бог сотворил свет в первый день; твердь – во второй
   день; сушу, моря, зелень, траву, и деревья – в третий день;
   солнце, луна и все звезды были созданы в четвертый
   день; все рыбы и все пресмыкающиеся, и все птицы были

сотворены в пятый день; в шестой день Бог сотворил всех зверей земных и человека).

4. На какую жизнь благословил Бог человека?

(Бог благословил их, чтобы они плодились и размножались, наполняли собою землю и обладали ею, и владычествовали над всеми тварями живыми).

5. Почему человечество лишилось Божьих благословений?

(Они нарушили заповедь Божью и совершили грех, вкусив плод от дерева познания добра и зла).

6. Какое проклятие постигло змея, искусившего Еву ко греху?

(Змей был проклят и должен был питаться прахом земным во все дни жизни своей и ползать на брюхе).

7. Какие проклятия постигли первых мужчину и женщину, после того как они съели запретный плод?

(Мужчина был обречен добывать плоды земли в поте лица своего. Женщина была наказана тем, что скорбь ее умножилась при рождении детей и влечение ее было к мужу ее, а он должен был господствовать над нею).

8. Назовите основные группы книг Ветхого Завета

(Пятикнижие [Закон Моисея – от Книги Бытия до Второзакония], Исторические книги [от Книги Иисуса Навина до Книги Есфирь], Поэтические книги [от Книги Иова до Песней Соломона] и Пророческие книги [от Книги пророка Исаии до Книги пророка Малахии]).

9. Назовите основные группы книг Нового Завета.

(Четыре Евангелия [От Матфея, Марка, Луки и Иоанна], Историческая книга [Деяния Апостолов], Послания [от Послания Иакова до Послания к Евреям] и Пророческая книга [Откровение Иоанна]).

10. Как Бог испытывал Авраама, прежде чем назвать его «отцом веры»?

(Бог повелел Аврааму принести своего сына Исаака в жертву всесожжения).

11. Где Иаков получил новое имя – «Израиль»?

(У потока Иавок).

12. Как Бог вел Израильтян из Египта в Землю обетованную?

(Бог показывал им путь днем с помощью столпа облачного, а ночью – с помощью столпа огненного).

13. Что Бог давал в пищу Израильтянам во время их блуждания в пустыне после исхода?

(Манну и перепелов).

14. Каковы были основные черты характера Моисея?

(Моисей был самым смиренным человеком на земле, верным во всем доме Божьем и совершенным настолько, что видел Бога лицом к лицу).

15. Кто из людей старше 20-ти лет во время исхода, смог войти в Землю Ханаанскую?

(Иисус Навин и Халев).

16. Кто наследовал Моисею и что он проделал?

(Иисус Навин. Он ввел народ Израильский в Землю Ханаанскую, покорил эту землю и разделил ее между 12-ю коленами).

17. Как назывался период в истории Израиля, когда они жили под управлением Самого Бога и не имели царя? (Период Судей).

18. Согласно Библии, каковы были обязанности судей в истории Израиля?
(От момента основания Израиля в Ханаане и до установления монархии судьи правили теократическим государством).

19. Как звали первого царя Израильского, который ослушался Бога и в конце концов был оставлен Им? (Саул).

20. Кто из царей построил первый храм в Иерусалиме и обладал необычайной мудростью? (Соломон).

21. Что произошло с царством Израиль после смерти Соломона и воцарения сына его Ровоама?
(Царство разделилось на две части: Северное царство – Израиль и Южное царство – Иудею).

22. Что случилось с Северным Израильским царством?

(Оно было уничтожено Ассирией).

23. Что в конце концов стало с Южным Иудейским царством?

(Оно было завоевано Вавилоном, и большинство населения было уведено в плен).

24. Что сделали Иудеи после возвращения на родину из семидесятилетнего вавилонского пленения?

(Они восстановили Иерусалимский храм).

25. Чем занимались пророки Ветхого Завета?

(Они получали слово от Бога и провозглашали это слово Его народу).

26. Кто из четырех великих пророков Ветхого Завета более других говорил о пришествии Мессии, нашего Господа Иисуса Христа?

(Исаия).

27. В какой главе Книги пророка Исаии детально описаны страдания и распятие Иисуса?

(В 53-й главе Книги пророка Исаии).

28. Кто из ветхозаветных пророков был пленен и уведен в Вавилон, но сохранил веру в Бога и был назначен первым сановником после царя Дария?

(Даниил).

29. Назовите три самых важных праздника в Ветхом Завете.

(Иудейская Пасха [праздник опресноков, пресного хлеба], праздник первой жатвы и праздник кущей [праздник сбора плодов]).

30. В чем разница между Четвероевангелием и синоптическими Евангелиями?

(Четыре Евангелия описывают жизнь и служение Иисуса. Три из них называются синоптическими Евангелиями, потому что в их содержании много общего).

31. Какое служение, согласно четырем Евангелиям, нес Иисус Христос?

1) Он учил воле Божьей, распространяя добрую весть о Царстве Небесном.

2) Он уничтожал дела врага дьявола и изгонял бесов из людей.

3) Он исцелял людей от болезней и недугов и воскрешал мертвых.

4) Через Свое распятие и Воскресение Он искупил нас от грехов и даровал надежду на воскресение, разрушив силу смерти и воскреснув.

32. Назовите трех из двенадцати учеников, которые были наиболее близки Иисусу и которых Он любил больше всех?

(Петр, Иаков и Иоанн).

33. В каком месте Библии записаны Заповеди Блаженства, являющиеся частью Нагорной Проповеди.

(Евангелие от Матфея, 5-я глава).

34. Волхвы с востока пришли, чтобы поклониться младенцу Иисусу, и принесли с собой три вида даров. Назовите эти дары.

(Золото, ладан и смирна).

35. Какой пример молитвы подал для нас Иисус и как именно мы должны молиться, следуя Его примеру?

(Мы должны регулярно молиться, преклонив колени, молиться в согласии с волей Божьей, искренне и ревностно, громко взывая к Богу).

36. Во время Своего служения на земле Иисус учил народ притчами. Назовите наиболее известные притчи.

(Притча о сеятеле; притча о винограднике; притча о милосердном самарянине; притча о талантах; притча о десяти девах; притча о горчичном зерне; притча о блудном сыне и др.).

37. Расскажите о наиболее ярких чудесах, сотворенных Иисусом.

(Чудо превращения воды в вино; чудо о пяти хлебах и двух рыбах; усмирение шторма; хождение по воде; воскрешение мертвых).

38. Кто выступал против служения Иисуса?

(Первосвященники, книжники, фарисеи, саддукеи и др.).

39. Кто вынес приговор Иисусу?

(Понтий Пилат).

40. Где был распят Иисус?

(На Голгофе).

41. Почему Иисус является единственным Спасителем человечества?

1) Он стал человеком, близким родственником Адама.

2) Он не был потомком Адама.

3) Он обладал силой искупить людей от грехов.

4) Он так любил нас, что был готов отдать Свою жизнь за грешников.

42. Почему Иисуса распяли на деревянном кресте?

(Дабы избавить нас от проклятия закона).

43. Почему Иисуса бичевали и почему Он пролил Свою кровь?

(Чтобы принести нам мир и избавить нас от всех недугов, разрешив проблему греха – первопричину всех болезней).

44. Что означает «вкушать Плоть Сына Человеческого»?

(Плоть Сына Человеческого – это Слово Божье, которое есть истина. «Вкушать Плоть Сына Человеческого» означает питаться духовным хлебом Слова Божьего, записанного в Библии).

45. Что означает «пить Кровь Сына Человеческого»?

(Это значит по вере исполнять Слово Божье, которое мы узнали).

46. Для Кого наше тело является святым храмом и Кто обитает в нашем сердце после того, как мы принимаем Иисуса Христа?

(Дух Святой).

47. Когда ученики Иисуса впервые приняли Духа Святого после Его вознесения?

(На десятый день после Его вознесения, в день Пятидесятницы).

48. Каковы доказательства того, что мы приняли Духа Святого?

1) Мы прилагаем все усилия, чтобы исполнять волю Божью.

2) Мы с радостью повинуемся Слову Божьему.

3) Мы живем чистой и святой жизнью.

4) Мы от всего сердца начинаем любить наших братьев и сестер во Христе.

5) Мы побеждаем мир верой.

6) Мы получаем уверенность в спасении.

7) Мы получаем уверенность, что наши молитвы будут услышаны.

8) Бог находится в центре всей нашей жизни.

49. Какую из семи церквей, упомянутых во 2-й и 3-й главах Книги Откровения, Бог привел как пример идеальной церкви?

(Филадельфийскую церковь).

50. Кто был назначен двенадцатым апостолом вместо Иуды Искариота во времена ранней церкви?

(Матфей).

51. Кто крестил эфиопского евнуха и объяснил ему смысл Книги пророка Исаии?

(Диакон Филипп).

52. Кем являлся апостол Петр?

(Петр был главным из двенадцати учеников Иисуса, признавшим Его, сказав: «Ты есть Христос, Сын Бога Живого». Он стал апостолом иудеев, проповедуя Евангелие и творя чудеса именем Иисуса Христа, пока не был распят вниз головой).

53. Кем являлся апостол Павел?

(До того как он узнал Господа, он преследовал верующих в Иисуса Христа. Но после встречи с Господом на дороге в Дамаск, он посвятил всю свою жизнь проповеди Евангелия язычникам и написал 14 книг Нового Завета).

54. Каковы плоды Духа?

(Любовь, радость, мир, долготерпение, милосердие, благость, вера, кротость и воздержание).

55. Кто из диаконов церкви, полный благодати и силы, являл чудеса и знамения, но, обвиненный в богохульстве, был забит камнями и погиб как мученик?

(Стефан).

56. Какие из посланий Нового Завета называются «тюремными посланиями» и почему?

(Послания к Ефесянам, Филиппийцам, Колоссянам и Филимону, так как были написаны апостолом Павлом из заточения).

57. Какие послания Нового Завета называются «пастырскими посланиями»?

(Апостол Павел писал письма своим возлюбленным ученикам Тимофею и Титу о служении. 1-е и 2-е послания к Тимофею и послание к Титу относятся к группе «пастырских посланий»).

58. Как звали язычника, который со всем домом своим боялся Бога? Он много жертвовал Иудеям и постоянно молился Богу.

(Сотник Корнелий).

59. Каковы, согласно Библии, три составные человека?

(Дух, душа и тело; 1-е посл. к Фессалоникийцам, 5:23).

60. Как называется священный Град Небесный с двенадцатью жемчужными воротами, в котором находится Божий Престол?

(Новый Иерусалим).

Об учении и доктринах
церкви

1. Что такое первородный грех?

(Все дети наследуют природу, характер и внешность своих

родителей. Так как первый человек, Адам, совершил грех,

то все потомки Адама рождены с его греховной природой.

Эта греховная природа и есть первородный грех).

2. Почему Адам ослушался слова Божьего?

(Человек злоупотребил Богом данной свободой воли и

поддался на искушения змея, за которым стоял сатана).

3. На какие категории делится грех?

(Грех первородный и грех, совершенный самим

человеком).

4. Как можно решить проблему греха?

(Когда мы каемся в наших грехах и принимаем Иисуса Христа, тогда наши грехи могут быть прощены искупительной Кровью Иисуса Христа).

5. Какой смысл заложен в слове «возрождение» в пятигранном Евангелии святости?

(«Возрождение» указывает на рождение от воды и духа. Это и есть рождение Свыше; оставляя грехи, мы идем через покаяние к праведности омытыми Кровью Иисуса Христа).

6. Какой смысл заложен в слове «освящение» в пятигранном Евангелии святости?

(Это процесс, в ходе которого те, кто были рождены Свыше, отрекаются от всякого греха и зла и живут Словом Божьим, постоянно культивируя святость с помощью Духа Святого).

7. Какой смысл заложен в словах «Божественное исцеление» в пятигранном Евангелии святости?

(«Божественное исцеление» указывает на исцеление от телесных болезней и недугов силой Божьей).

8. Какой смысл заложен в слове «воскресение» в пятигранном Евангелии святости?

(«Воскресение» означает воскрешение из мертвых. Дети Божьи облекутся в нетленное тело и будут жить вечно, как Иисус, Который разбил оковы смерти и воскрес из мертвых).

9. Что означает «Второе пришествие» в пятигранном Евангелии святости,?

(«Второе пришествие» указывает на возвращение Иисуса Христа на землю таким же путем, каким Он вознесся на Небеса).

10. Верите ли вы в то, что это не Бог предназначает, кто должен получить спасение, что спасение зависит от вашего личного выбора, основанного на вере?

(Да).

11. Признаёте ли вы, что каждый человек имеет свою меру веры, и готовы ли вы стремиться изо всех ваших сил к достижению высшего уровня веры?

(Да).

12. Что мы должны отвергнуть в этом мире, чтобы возлюбить Бога, согласно тому списку, который дан в 1-м послании Иоанна (2:16)?

(Похоть плоти, похоть очей, гордость житейскую).

13. Как мы можем избавиться от грехов, которые Бог ненавидит?

(Чтобы отринуть грехи, мы, наряду с нашими собственными усилиями, должны, горячо молясь, получить благодать и силу Божью и помощь Духа Святого).

14. Какие грехи ведут ко смерти?

(Во-первых, противление, ропот и хула на Духа Святого [От Матфея, 12:31-32; От Марка, 3:29; От Луки, 12:10]. Во-вторых, повторное распятие и поругание Господа Иисуса Христа [Посл. к Евреям, 6:4-6]; и, в-третьих, осознанное грехопадение после того, как мы познали истину [Посл. к Евреям, 10:26-27]).

«Посему говорю вам: всякий грех и хула простятся человекам, а хула на Духа не простится человекам; если кто скажет слово на Сына Человеческого, простится ему; если же кто скажет на Духа

Святого, не простится ему ни в сем веке, ни в будущем» (Евангелие от Матфея, 12:31-32).

«Но кто будет хулить Духа Святого, тому не будет прощения вовек, но подлежит он вечному осуждению» (Евангелие от Марка, 3:29).

«И всякому, кто скажет слово на Сына Человеческого, прощено будет; а кто скажет хулу на Святого Духа, тому не простится» (Евангелие от Луки, 12:10).

«Ибо невозможно – однажды просвещенных, и вкусивших дара небесного, и соделавшихся причастниками Духа Святого, и вкусивших благого глагола Божия и сил будущего века, и отпадших опять обновлять покаянием, когда они снова распинают в себе Сына Божия и ругаются [Ему]» (Послание к Евреям, 6:4-6).

«Ибо если мы, получив познание истины, произвольно грешим, то не остается более жертвы за грехи, но некое страшное ожидание суда и ярость огня, готового пожрать противников» (Послание к Евреям, 10:26-27).

15. Понимаете ли вы, что всякий, сознательно совершающий дела плоти, лишается спасения, как об этом сказано в Послании к Галатам (5:19-21)?

(Да).

16. Сознаете ли вы, что, совершая грех, мы можем угасить силу Духа Святого в нашем сердце?

(Да).

17. Что такое «благодать»?

(Благодать – это безвозмездный дар Божий. Бог дает нам все необходимое для нашей жизни, наряду с вечной жизнью, так как наши грехи прощены благодаря Иисусу Христу).

18. Что такое «водное крещение»?

(Водное крещение – одно из таинств церкви, которое является символом того, что наши грехи прощены и мы стали детьми Божьими. Крещение также означает, что мы должны постоянно очищать себя, размышляя над Словом Божьим, которое есть истина).

19. Что такое «крещение Духом Святым»?

(Когда мы каемся в грехах и принимаем Иисуса Христа, Дух Святой нисходит в наши сердца и возрождает наш омертвевший дух. Пробуждение нашего мертвого духа и есть крещение Духом Святым).

20. Что означает крещение огнем Духа Святого?

(Это значит получить огонь Духа Святого, чтобы дана была сила Божья. Крещение огнем Духа Святого сжигает нашу греховную природу, наши немощи и болезни и гонит прочь врага, дьявола и сатану, от нашего дома, работы и бизнеса).

21. Что такое «Святое Причастие»?

(Мы вкушаем хлеб – это таинство, символизирующее Тело Христово, и мы пьем от чаши, символизирующей Кровь Христову, в воспоминание любви Иисуса, с которой Он умер за нас на кресте, отдав Свою плоть и кровь. Кроме того, причастие напоминает нам, какую мы должны вести жизнь во Христе, чтобы наследовать жизнь вечную).

22. Откуда берет свое начало Церковь святости?

(Она восходит к движению святости, которое основал в 18-м веке в Англии Джон Весли).

23. Повторяйте наизусть молитву Господа, записанную в Евангелии от Матфея, 6:9-13.

(«Отче наш, сущий на небесах! да святится имя Твое; да приидет Царствие Твое; да будет воля Твоя и на земле, как на небе; хлеб наш насущный дай нам на сей день; и прости нам долги наши, как и мы прощаем должникам нашим; и не введи нас в искушение, но избавь нас от лукавого. Ибо Твое есть Царство и сила и слава вовеки. Аминь»).

24. Что такое «Апостольский символ веры»?

(Это краткое изложение основных доктрин христианства и исповедания христианской веры).

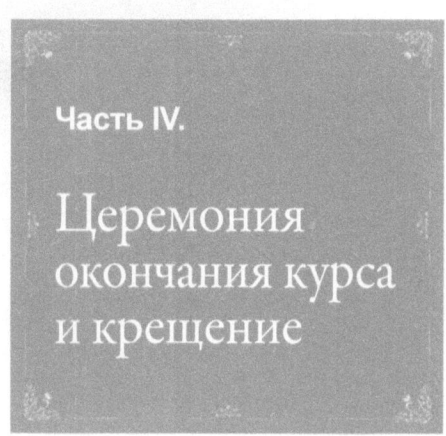

Часть IV.

Церемония окончания курса и крещение

Церемония окончания курса и крещение

Глава 1

Церемония окончания курса подготовки к крещению

* Все те, кто будут проходить эту церемонию, садятся перед подиумом, и церемония подготовки к крещению проходит в следующем порядке:

1. Исполнение гимна

2. Молитва

3. Чтение Писания (Посл. к Ефесянам, 4:17-24)

4. Поименная перекличка тех, кто готов к крещению

5. Наставление пастора

Дорогие братья и сестры во Христе! Согласно уставу нашей церкви, мы проводим церемонию окончания курса подготовки к крещению. Смысл церемонии в том, чтобы научить новообращенных братьев и сестер более глубокому пониманию веры, дать им знание Библии и лучше подготовить их к служению в церкви. Остальные же братья и сестры во Христе должны показать им добрый пример любви, веры и чистоты в своих словах и делах, стать примером того, как хранить истину Библии и уставы церкви.

6. Вопросы и ответы

Дорогие братья и сестры! Мы знаем, что вы уже отвратились от греха и зла, уверовали в Господа Иисуса Христа и служите Богу. Теперь я прошу вас со всей искренностью ответить на эти вопросы, чтобы подтвердить свою решимость перед Богом и церковью.

Вопрос 1-й.

Готовы ли вы покаяться во всех грехах, отбросить целиком свою прежнюю жизнь и вредные привычки и с верой принять Господа Иисуса как своего Спасителя? (Аминь)

Вопрос 2-й.

Готовы ли вы принять Библию как Слово Божье, жить согласно учению Библии и соблюдать Десять Заповедей?

(Аминь).

Вопрос 3-й.

Готовы ли вы постоянно читать Библию, ревностно молиться и прилагать усилия для евангелизации других людей?

(Аминь).

Вопрос 4-й.

Хотите ли вы пребывать в благодати возрождения, являющейся основой христианской истины? Готовы ли вы повиноваться Слову Божьему и жить под водительством Святого Духа, проявляя веру в делах ваших?

(Аминь).

Вопрос 5-й.

Готовы ли вы отказаться от всякой мирской работы по воскресеньям, в День Господень, с благоговением и добровольно поклоняться Богу духом и плотью и служить в церкви, которая есть Тело Христово? (Аминь).

7. Торжественное объявление

Так как все братья и сестры, здесь присутствующие, исповедали свое решение перед Богом и церковью, искренне отвечая на предложенные вопросы, мы объявляем, что они успешно завершили курс подготовки к крещению в Объединенной церкви святости Иисуса Христа.

8. Заключительная молитва, после которой мы переходим к крещению.

Если не осталось ни одного претендента, перейдите к исполнению духовного гимна и молитве благословения.

Глава 2 Обряд крещения

Обряд крещения обычно проводится на реке или в бассейне для крещения. При иных обстоятельствах, крещение можно проводить в соответствии со следующими правилами:

1. Пение духовного гимна

2. Вступительная молитва

3. Чтение Писания (Евангелие от Иоанна, 3:1-8)

4. Наставление пастора

Святой обряд крещения был заповедан нам Господом, и каждый из вас будет крещен водой согласно повелению

Господа. Я молюсь, чтобы милость и благословения Божьи были явлены вам, братья и сестры, чтобы вы обрели право наследовать Царство Небесное и насладиться вечной жизнью, уготованной для совершенных детей Божьих.

5. Молитва о предстоящей церемонии

6. Назовите имя каждого принимающего крещение, чтобы они встали

7. Вопросы и ответы

Дорогие братья и сестры во Христе! Вы пришли сюда, чтобы принять водное крещение. Ответьте, пожалуйста, со всей искренностью на следующие вопросы перед Богом и церковью:

Вопрос 1-й.

Готовы ли вы отбросить всякое зло, оставить свои прежние манеры и скверные привычки и через веру в Спасителя Иисуса Христа стать подлинными чадами Божьими?

(Аминь)

Вопрос 2-й.

Верите ли вы, что, испытав благодать возрождения, вы получите благодать очищения от грехов благодаря драгоценной Крови Иисуса Христа и силе Духа Святого ? **(Аминь).**

Вопрос 3-й.

Полностью ли вы верите словам Апостольского символа веры как основе вашей веры? **(Аминь).**

Вопрос 4-й.

Верите ли вы, что благодаря крещению вы соединитесь с Господом, и готовы ли вы жить каждый день, прославляя Господа своими делами, словами и поступками? **(Аминь)**.

Вопрос 5-й.

Готовы ли вы изучать Библию, молиться, свидетельствовать о Христе, отдавать десятины и пожертвования, соблюдать в святости День Господень и с верностью нести любое служение в церкви? **(Аминь).**

8. Молитва перед крещением

9. Крещение

Я крещу _____ во имя Бога Отца, Бога Сына и Бога Духа Святого.

Аминь.

10. Торжественное объявление

Я провозглашаю, что эти братья и сестры, искренне ответившие на все предложенные им вопросы и принявшие крещение во имя Бога Троицы, становятся крещеными членами церкви _____ Манмин Объединенной церкви святости Иисуса Христа!

11. Молитва о принявших крещение

12. Наставление пастора.

Часть V.

Приложения

Приложения

Роль церкви, основанной во имя Господа Иисуса Христа

Краткий обзор Ветхого и Нового Заветов

Роль церкви, основанной во имя Господа Иисуса Христа

Когда Петр признал Иисуса, сказав: «...*Ты – Христос, Сын Бога Живого*», Иисус ответил ему: «*И Я говорю тебе: ты – Петр, и на сем камне Я создам Церковь Мою, и врата ада не одолеют ее; и дам тебе ключи Царства Небесного: и что свяжешь на земле, то будет связано на небесах, и что разрешишь на земле, то будет разрешено на небесах*» (От Матфея, 16:16, 18-19). С этого времени Иисус стал рассказывать Своим ученикам о Своих предстоящих страданиях, распятии и воскресении. В конечном итоге Он исполнил Божий план спасения. После Его вознесения Дух Святой снизошел на Его учеников, и они начали распространять Евангелие в Иерусалиме, Иудее, Самарии, и даже до края земли, и основали множество церквей по всему миру.

Согласно Посланиям семи церквям, записанным во 2-й и 3-й главах Книги Откровения, существуют различные типы церквей в этом мире. В этих посланиях мы видим искреннее желание Господа пробудить все церкви – и те, что были ранее, и современные. Давайте рассмотрим, какая церковь, согласно Библии, считается идеальной.

Главная причина, по которой мы ходим в церковь, – это наше спасение. В Послании к Римлянам, 6:23, сказано: «Возмездие за грех – смерть». Мы сможем достичь полного спасения, только когда эта проблема будет разрешена. Церковь должна объяснять людям, как ужасны грехи, почему мы не можем получить спасение, имея грехи, и почему необходимо избавиться от всех грехов. Когда, услышав Благую Весть, мы принимаем Иисуса Христа, наши имена записываются в Книгу жизни на Небесах. Но это только начало нашего спасения. Наше спасение обретает полноту, когда мы встречаемся с Господом.

Некоторые верующие спрашивают: «Я уже принял Господа и получил прощение всех прошлых грехов, настоящих и будущих. Почему мне постоянно напоминают о грехах и говорят, что мне нужно снова и снова каяться в них?». Это потому, что, приняв Господа, мы только встаем на путь спасения, но с помощью церкви мы сможем успешно осилить его. Если мы выехали на дорогу, то это не значит, что мы уже добрались до места назначения. Так, и приняв Господа, и получив прощение, мы должны родиться от воды и Духа (От Иоанна, 3:5) и вкушать Плоть и пить Кровь Сына Человеческого (От Иоанна, 6:53). Иными словами, для завершения нашего спасения мы должны постоянно исполнять Слово Божье.

Во-вторых, церковь должна помогать верующим возрастать в вере и преображаться в истинных детей Божьих.

Господь спас нас от смерти Своей великой любовью, благодаря Своей смерти на кресте. Некоторые думают так: «Раз я уже спасен, то могу теперь жить, как пожелаю». Но мы должны быть достойными детьми Божьими и своей любовью к Богу отблагодарить Господа за Его милость. Если мы посещаем церковь, но так и не избавились в сердце своем от греховной природы, мы обречены на то, чтобы снова совершать одни и те же грехи. И тогда у нас возникают трудности дома, на работе, проблемы со здоровьем.

Поэтому так важно избавиться от греховной природы, которая приводит нас к греховным мыслям, даже если они и не проявляются в наших поступках. Итак, мы должны отбросить похоть плоти, похоть очей, гордость житейскую и очиститься от пороков. Только тогда мы сможем восстановить образ Божий и стать Его детьми, похожими на Христа. Одним словом, вновь уверовавший, только обретший спасение, должен возрасти в вере до полного возраста Христа, то есть достичь уровня зрелой веры, которая остается непоколебимой при любых обстоятельствах.

В-третьих, церковь должна провозглашать Господа, Который грядет.

Некоторые полагают, что знают время, когда Господь

вернется, и фокусируются на временных пределах. Поэтому им трудно вести нормальную жизнь в семье и в обществе. Но люди с правильным пониманием конца света не будут концентрироваться на дате, а будут готовить себя к встрече с Господом вне зависимости от того, когда Бог призовет наш дух или когда вернется Господь.

Церковь должна говорить истину о конце мира, чтобы верующие всегда бодрствовали и вели праведную христианскую жизнь. Церковь, в которой учат верующих быть готовыми ко Второму пришествию Господа, и церковь, в которой этому не учат, весьма отличаются друг от друга. В Притче о десяти девах сказано, что все десять дев знали о приходе жениха, но только пятеро из них запаслись маслом для светильников. Церковь должна научить верующих, как подготовиться к жизни после смерти и ожидать пришествия Господа.

В-четвертых, церковь должна вести верующих к личному общению с Богом.

Некоторые люди имеют 10- или 20-летний стаж веры, но они не имели опыта общения с Богом. В этом случае они должны задуматься: присутствует ли Бог в той церкви, куда они ходят? Мы, верующие, молимся о том, чтобы встретиться с Богом и пребывать в Нем, не потому, что у нас нет веры, а, напротив, потому что она у нас есть. Бог обещает нам: «*Просите и получите, ищите и обрящете, стучите и отворят вам»* (От Матфея, 7:7) – и всегда идет навстречу ищущим Его.

Ученик начальной школы не способен понять сложную математику, которую преподают в университете. Так же обстоит дело и в вопросах веры. Если начинающий верующий, который делает первые шаги в духовной сфере, пытается оценить и понять духовный мир с помощью своих материальных познаний, это приведет к абсурду. Но если он будет смиренно изучать его, принимать его, то постепенно сможет обрести полное понимание. Итак, если мы сначала принимаем сердцем дела Божьи, то, естественно, дойдем до понимания их и разумом. Только так мы сможем увидеть дела Божьи.

В-пятых, церковь должна учить верующих доверять своему пастырю, которого Бог назначил для этой церкви.

Бог утверждает церковь, Тело Христово, и одновременно пастыря для этой церкви. Бог назначает пастыря, так как Сам Господь не может прийти на землю и править всеми церквями. Во 2-м послании к Коринфянам, 12:12, апостол Павел пишет: *«Признаки Апостола оказались перед вами всяким терпением, знамениями, чудесами и силами».*

Истинный пастырь может доказать, что он назначен Богом, своим усердием, знамениями и чудесами, а также деяниями силы Божьей. Если члены церкви отказываются доверять такому пастырю, то они должны проверить себя, насколько искренне они готовы следовать каждому слову Божьему и насколько любовь Божья коснулась их сердец. Доверять пастырю, Богом назначенному в данной церкви, Теле Христовом, значит верить и доверять Богу.

Краткий обзор Ветхого и Нового Заветов

Библия писалась на протяжении примерно 1.600 лет – со времен Моисея и до первого века нашей эры. Примерно 40 человек записывали ее по вдохновению Духа Святого. Библия состоит из 66-ти книг – 39-ти книг Ветхого Завета и 27-ти книг Нового Завета. Так как вы прошли подготовку к крещению или уже приняли крещение, члены церкви, почему бы вам, поняв структуру Ветхого Завета и Нового Завета, не прочесть Библию целиком?

Большинство из 39-ти книг Ветхого Завета были написаны на древнееврейском языке, хотя некоторые из них написаны на арамейском языке. А все книги Нового Завета были написаны на греческом. До изобретения книгопечатания в середине 15-го века, все копии Библии были рукописными и должны были постоянно переписываться. После протестантской реформации, Библию стали переводить на многие языки, и она стала доступна многим людям.

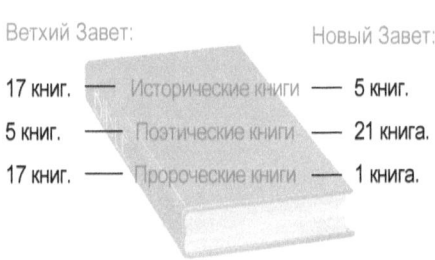

Ветхий Завет:		Новый Завет:
17 книг.	Исторические книги	5 книг.
5 книг.	Поэтические книги	21 книга.
17 книг.	Пророческие книги	1 книга.

Новый Завет состоит из четырех Евангелий, Деяний Апостолов, двадцати одного Послания и одной Пророческой книги. Книги Ветхого Завета подразделяются на три категории: 17 исторических книг, 5 поэтических и 17 пророческих.

66 книг Библии состоят из 1.189-ти глав. Если мы будем читать по одной главе Библии в день, то, чтобы прочитать всю Библию, нам понадобится больше трех лет. Если вы будете читать по 3 главы в будние дни и 5 глав в воскресенье, то за год вы прочтете всю Библию. Попробуйте это сделать.

Ветхий Завет в хронологическом порядке

Поняв хронологию Библии, нам будет легче читать Ветхий Завет. И мы сможем лучше понять Ветхий Завет, если начнем с чтения 11-ти исторических книг. Тогда мы сможем определить, к какому периоду истории относятся поэтические и пророческие книги. И это облегчит нам понимание Ветхого Завета.

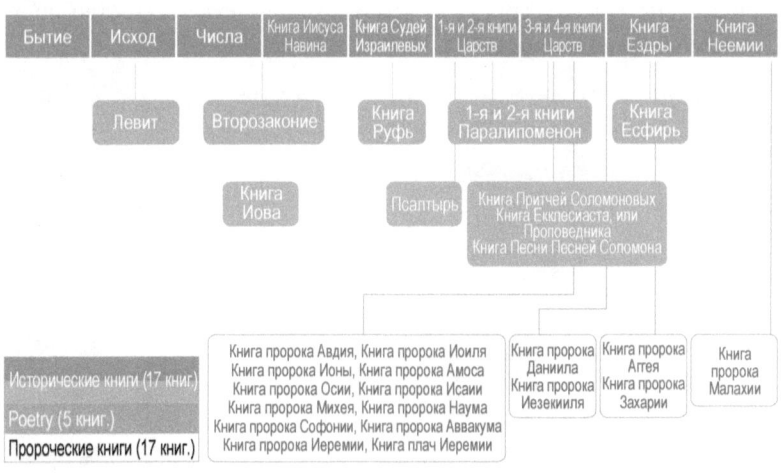

< Хронология исторических книг Ветхого Завета >

Эра творения Божьего	Бытие, 1-11.
Эра патриархов	Бытие, 12-50.
Эра Моисея	Исход, Левит, Числа, Второзаконие.
Эра судей	Книга Иисуса Навина; Книга Судей Израилевых; Книга Руфь; 1-я книга Царств, 1-15.
Эра царей	1-я книга Царств, 16-31; 2-я книга Царств; 3-я книга Царств; 4-я книга Царств; 1-я и 2-я книги Паралипоменон.
Эра пленения	книги Ездры, Неемии и Есфирь.

27 книг Нового Завета расположены не в хронологическом порядке. Распределив эти книги в хронологическом порядке, мы сможем лучше запомнить события, изложенные в Новом Завете.

Четыре Евангелия описывают земное служение Иисуса. Деяния Апостолов и Послания, рассказывающие об основании церкви Иисуса Христа и служении апостолов, относятся к эре Святого Духа, к эре церквей.

Книга Откровения детально описывает будущее – пришествие Господа на облаке, Семь лет Брачного Пира и Семь лет Великой Скорби, Второе пришествие Иисуса Христа на землю, Тысячелетнее Царство и Суд Великого Белого Престола.

Эра Иисуса Христа	Четыре Евангелия.
Эра Святого Духа и возникновения церквей	Деяния Апостолов, послания апостола Павла, общие послания, Книга Откровения, 1-3.
Семилетний Брачный Пир и Семь лет Великой Скорби	Книга Откровения, 4-19.
Тысячелетнее Царство	Откровение, 20.
Царство Небесное	Откровение, 21-22.

*«Но вы примете силу, когда сойдет на вас Дух Святой;
и будете Мне свидетелями в Иерусалиме и во всей Иудее
и Самарии и даже до края земли.»*

(Деяния, 1:8)

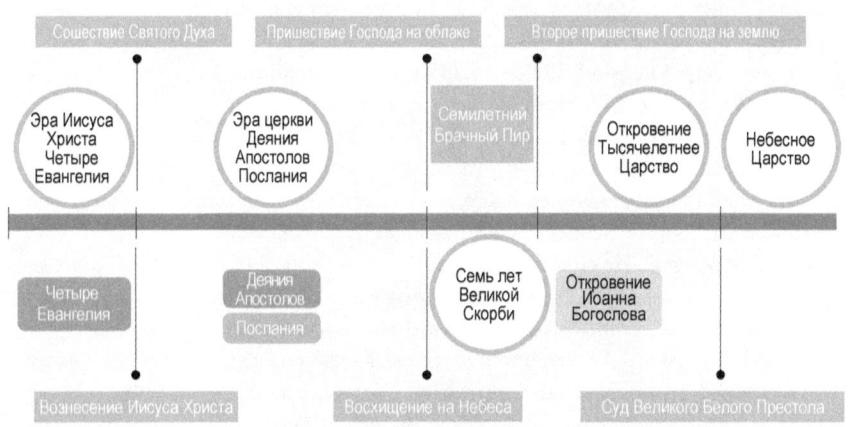

*«Се, гряду скоро, и возмездие Мое со Мною,
чтобы воздать каждому по делам его.»*

(Откровение, 22:12)

Автор –
д-р Джей Рок Ли

Д-р Джей Рок Ли родился в городе Муан, в провинции Джэоннам Южной Корейской Республики, в 1943 году. Начиная с двадцати лет, д-р Ли страдал от различных неизлечимых заболеваний и в течение семи лет жил в ожидании смерти, без всякой надежды на исцеление. Но однажды, весной 1974 года, сестра привела его в церковь, где он, упав на колени, молился, и Живой Бог сразу исцелил его от всех болезней.

С той минуты, как д-р Ли чудесным образом встретился с Живым Богом, он искренне возлюбил Его всем сердцем, и в 1978 году он был призван на служение Богу. Он усердно молился и неустанно постился, чтобы ясно понять волю Божью, полностью исполнить ее и повиноваться каждому слову Божьему. В 1982 году он основал Центральную церковь «Манмин» в городе Сеуле (Южная Корея), и с того момента бесчисленные дела Божьи, включая чудесные исцеления и знамения Божьи, были явлены в этой церкви.

В 1986 году д-р Ли был рукоположен в сан пастора на ежегодной Ассамблее Корейской церкви Христа в Сингкуоле, а спустя ещё четыре года, в 1990 году, его проповеди начали транслироваться в Австралии, России, на Филиппинах и во многих других странах, а также по каналам «Дальневосточной вещательной компании», «Азиатской вещательной компании» и «Вашингтонской христианской радиостанции».

Через три года, то есть в 1993 году, журнал *Христианский Мир* (США) внес Центральную церковь «Манмин» в список пятидесяти лучших церквей мира; колледж Христианской веры в штате Флорида (США) присвоил д-ру Ли степень почетного доктора богословия, а в 1996 году Теологическая семинария Кингсвэй (штат Айова, США) присвоила ему степень доктора христианского служения.

С 1993 года д-р Ли, проведя крусейды в Израиле, США, Танзании, Аргентине, Уганде, Японии, Пакистане, Кении, на Филиппинах, в Гондурасе, Индии, России, Германии и Перу, вошел в ряд лидеров мировой миссионерской деятельности.

В 2002 году, за его труд по проведению ряда впечатляющих объединенных крусейдов, ведущие христианские газеты Кореи назвали его «пастором всемирного пробуждения». Особенно отмечена его Нью-Йоркская евангелизационная кампания 2006 года, прошедшая в «Madison Square Garden», которая транслировалась в 220-ти странах мира.

Также особо отмечен Объединенный крусейд в Израиле в 2009 году, прошедший в международном Центре конгрессов Иерусалима, когда Иисус Христос был открыто провозглашен Мессией и Спасителем. Тогда проповеди д-ра Джей Рока Ли через спутниковое вещание транслировались на 176 стран.

В 2009-м и 2010 годах ведущий христианский мега-портал «In Victory», а также новостное агентство «Christian Telegraph» назвали д-ра Ли одним из 10-ти ведущих христианских лидеров мира.

По данным на июнь 2012 года, членами Центральной церкви «Манмин» являются более ста двадцати тысяч человек. Ею основано десять тысяч филиалов и ассоциативных церквей по всему миру, и на данный момент церковь отправила более 129 миссионеров на служение в 23 страны, включая США, Россию, Германию, Канаду, Японию, Китай, Францию, Индию, Кению и многие другие страны.

На момент публикации этой книги д-р Ли издал 64 книги, включая такие бестселлеры, как *«Откровения о вечной жизни в преддверии смерти»*, *«Моя жизнь, моя вера»* (I и II), *«Слово о Кресте»*, *«Мера веры»*, *«Небеса»* (I и II), *«Ад»* и *«Сила Божья»*. Его книги были переведены на 74 языка мира.

Его статьи на тему христианской веры публиковались в следующих периодических изданиях: *The Hankook Ilbo, The JoongAng Daily, The Dong-A Ilbo, The Chosun Ilbo, The Munhwa Ilbo, The Seoul Shinmun, The Kyunghyang Shinmun, The Hankyoreh Shinmun, The Korea Economic Daily, The Korea Herald, The Shisa News* и *The Christian Press*.

В настоящее время д-р Ли возглавляет многие миссионерские организации и ассоциации. Он, в частности, является главой правления Объединенной церкви святости Иисуса Христа, президентом Международной миссионерской организации Манмин, основателем и главой правлений «Глобальной христианской сети» (GCN), «Всемирной сети врачей-христиан» (WCDN) и Международной семинарии Манмин (MIS).

Небеса (I) и (II)

Подробное описание великолепных условий, в которых живут граждане Неба, и красочное описание различных уровней Небесных царств.

Слово о Кресте

Действенное, пробуждающее слово для всех, кто находится в духовной спячке. Из этой книги вы узнаете, почему Иисус является единственным Спасителем и об истинной любви Бога.

Ад

Важная для всего человечества весть от Бога, Который не желает, чтобы хоть одна душа попала в бездну ада! Вы откроете для себя доселе неизвестные подробности жестокой реальности Нижней могилы и ада.

Откровения о вечной жизни в преддверии смерти

Биографические мемуары д-ра Джей Рока Ли, который был рожден Свыше и избавлен от долины смертной тени, и живет христианской жизнью, ставшей примером для многих.

Мера веры

Какие обители, венцы и награды приготовлены для нас на Небесах? Эта книга содержит мудрые наставления, необходимые, чтобы измерить свою веру и взрастить ее до уровня полной зрелости.

Пробудись, Израиль!

Почему Бог заботится об Израиле от начала времен и до сего дня? В чем состоит Божье провидение последних времен для Израиля, ожидающего Мессию?

Моя жизнь, моя вера (I) и (II)

Dr. Jaerock Lee's autobiography provides the most fragrant spiritual aroma for the readers, through his life extracted from the love of God blossomed in midst of the dark waves, cold yoke and the deepest despair.

Сила Божья

Книга, которую необходимо прочитать, предлагает важные жизненные наставления, как обрести истинную веру и испытать чудесную силу Божью.

www.ingramcontent.com/pod-product-compliance
Lightning Source LLC
Chambersburg PA
CBHW020425130626
46549CB00006B/2742